Coleção Eu gosto m@is

ARTE

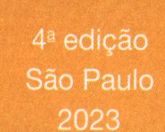

ANGELA ANITA CANTELE

Bacharel em Artes Plásticas pela Faculdade de Belas-Artes de São Paulo. Licenciatura plena em desenho pela Faculdade de Belas-Artes de São Paulo. Decoração de interiores pela Escola Panamericana de Arte. Cursos de artesanato, dobradura, pintura em tela, aquarela, guache, entre outros. Professora do Ensino Fundamental e do Ensino Médio. Autora de livros didáticos e Arte-educadora.

BRUNA RENATA CANTELE

Mestra em Educação, orientadora educacional, pedagoga e historiadora. Curso de desenho artístico e publicitário com o professor doutor Paulo da Silva Telles. Curso de História da Arte em Florença e em Veneza, na Itália. Professora do Ensino Fundamental e do Ensino Médio. Assessora pedagógica e autora de livros didáticos e paradidáticos.

1º ANO
ENSINO FUNDAMENTAL

4ª edição
São Paulo
2023

IBEP

Eu gosto m@is – ARTE
1º ano
© IBEP, 2023

Diretor superintendente Jorge Yunes
Diretora editorial Célia de Assis
Editores RAF Editoria e Serviços
Assistentes editoriais Isabella Mouzinho, Stephanie Paparella, Isis Ramaze, Daniela Venerando
Revisores RAF Editoria e Serviços, Yara Afonso
Secretaria editorial e processos Elza Mizue Hata Fujihara
Departamento de arte Aline Benitez, Gisele Gonçalves
Assistentes de iconografia Victoria Lopes, Irene Araújo e Ana Cristina Melchert
Ilustração José Luis Juhas, Lie Kobayashi
Produção Gráfica Editorial Marcelo Ribeiro
Projeto gráfico e capa Aline Benitez
Diagramação Nany Produções Gráficas

Dados Internacionais de Catalogação na Publicação (CIP) de acordo com ISBD

C229e   Cantele, Angela Anita

Eu gosto m@is: Arte / Angela Anita Cantele, Bruna Renata Cantele. - 4. ed. - São Paulo : IBEP - Instituto Brasileiro de Edições Pedagógicas, 2023.
il. : 27,5 cm x 20,5 cm. - (Eu gosto m@is 1º ano)
Inclui anexo.
ISBN: 978-65-5696-421-8 (Aluno)
ISBN: 978-65-5696-422-5 (Professor)

1. Educação. 2. Ensino fundamental. 3. Livro didático. 4. Arte. I. Cantele, Bruna Renata. II. Título. III. Série.

2023-1191   CDD 372.07
             CDU 372.4

Elaborado por Odilio Hilario Moreira Junior - CRB-8/9949

Índice para catálogo sistemático:
1. Educação - Ensino fundamental: Livro didático 372.07
2. Educação - Ensino fundamental: Livro didático 372.4

4ª edição – São Paulo – 2023
Todos os direitos reservados

IBEP

Rua Gomes de Carvalho, 1306, 11º andar, Vila Olímpia
São Paulo – SP – 04547-005 – Brasil – Tel.: (11) 2799-7799
editoras@ibep-nacional.com.br
www.editoraibep.com.br
Impresso na Leograf Gráfica e Editora - Julho/2023.

APRESENTAÇÃO

O livro **Eu gosto m@is – Arte** traz momentos nos quais você poderá aplicar técnicas artísticas, como: pintar, desenhar, modelar, recortar e colar, dançar, dramatizar, cantar, fazer artesanato e muitas atividades nas quais você poderá explorar a sua criatividade.

Neste livro você vai conhecer tipos de trabalhos artísticos, alguns artistas e suas obras, fazer releituras e acrescentar arte à sua vida.

Você verá que toda vez que somos capazes de produzir algo com a arte, sentimo-nos realizados.

Um bom ano de estudos em **Eu gosto m@is – Arte**... e conte conosco.

As autoras

SUMÁRIO

- **Lição 1 – Observando cores e formas** 7
  - Atividade 1 – Começando a colorir 8
  - Atividade 2 – Observando e identificando cores em obra de arte 9
  - Atividade 3 – Pintando e colando figuras 10
  - Atividade 4 – Pintando sobre papel – Desenho mágico 11
  - Atividade 5 – Recorte e colagem 12
  - Cenário para colagem 13
  - **Atividade 6 – Feliz Páscoa! – Saquinho de Páscoa** 14
- **Lição 2 – Conhecendo e identificando linhas** 15
  - Atividade 7 – Trabalhando com linhas retas 16
  - Atividade 8 – Trabalhando com linhas curvas 17
  - Atividade 9 – Identificando linhas retas e curvas 18
  - **Atividade 10 – Dia das Mães – Cartão** 19
- **Lição 3 – Teatro – uma linguagem artística** 20
  - Atividade 11 – Teatro – Expressão facial 21
  - Atividade 12 – Teatro – Expressão facial 22
  - Atividade 13 – Teatro – Dedoches 23
- **Lição 4 – Conhecendo Joan Miró** 24
  - Atividade 14 – Pintura com tinta guache 25
  - Atividade 15 – Pintura com textura 27
  - **Atividade 16 – Dia dos Pais – Cartão com digitais** 28
- **Lição 5 – Conhecendo formas geométricas** 29
  - Atividade 17 – Trabalhando com o quadrado 30
  - Atividade 18 – Trabalhando com o triângulo 31
  - Atividade 19 – Trabalhando com o círculo 33
  - Atividade 20 – Montagem de uma foca 34
  - Atividade 21 – Dobradura de uma casa 35

Lição 6 – Dança e Música **37**
- Atividade 22 – A dança no mundo 38
- Atividade 23 – Expressão musical 39
- Atividade 24 – Reconhecendo os sons... 40
- Atividade 25 – E a música tocou... 41
- Atividade 26 – Cantigas para desenhar... 42
- Atividade 27 – Com sucata, eu faço música 43
- **Atividade 28 – Folclore – Brincadeiras** 44

Lição 7 – Fazendo arte com materiais diversos..**45**
- Atividade 29 – Trabalhando com algodão 46
- Atividade 30 – Trabalhando com barbante................................... 47
- Atividade 31 – Trabalhando com sucata 48
- **Atividade 32 – Então é Natal... – Cartão** 49
- **Atividade 33 – Bolas de Natal**... 50

ALMANAQUE 51
ADESIVOS 56

LIÇÃO 1

OBSERVANDO CORES E FORMAS

Tudo o que nos cerca tem cores e formas variadas.

A harmonia entre as formas e as cores de seres e objetos cria uma sensação agradável aos nossos olhos.

Sejam objetos produzidos pela ação humana ou elementos provindos da natureza, todos têm suas formas e cores, tornando nosso dia a dia mais alegre!

7

ATIVIDADE 1

COMEÇANDO A COLORIR

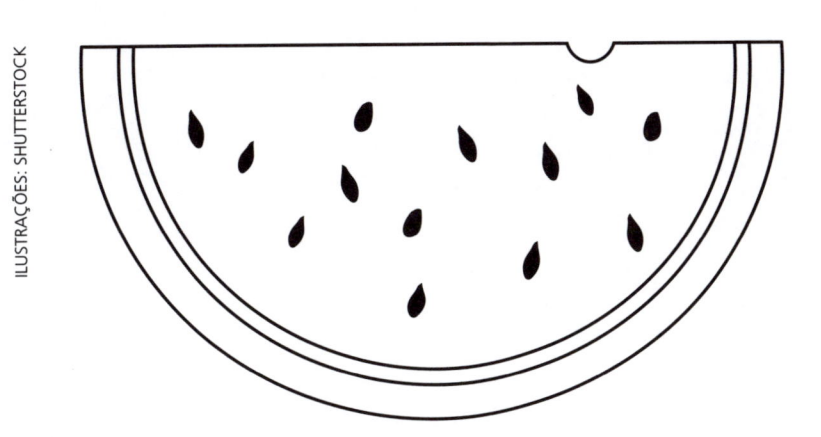

ILUSTRAÇÕES: SHUTTERSTOCK

8

ATIVIDADE 2

OBSERVANDO E IDENTIFICANDO CORES EM OBRA DE ARTE

DOMÍNIO PÚBLICO. LENBACHHAUS, MUNIQUE, ALEMANHA

Franz Marc. *Blue Horse I*, 1911.
Óleo sobre tela, 112 cm × 84,5 cm.

9

ATIVIDADE 3

PINTANDO E COLANDO FIGURAS

ATIVIDADE 4

PINTANDO SOBRE PAPEL – DESENHO MÁGICO

ATIVIDADE 5

RECORTE E COLAGEM

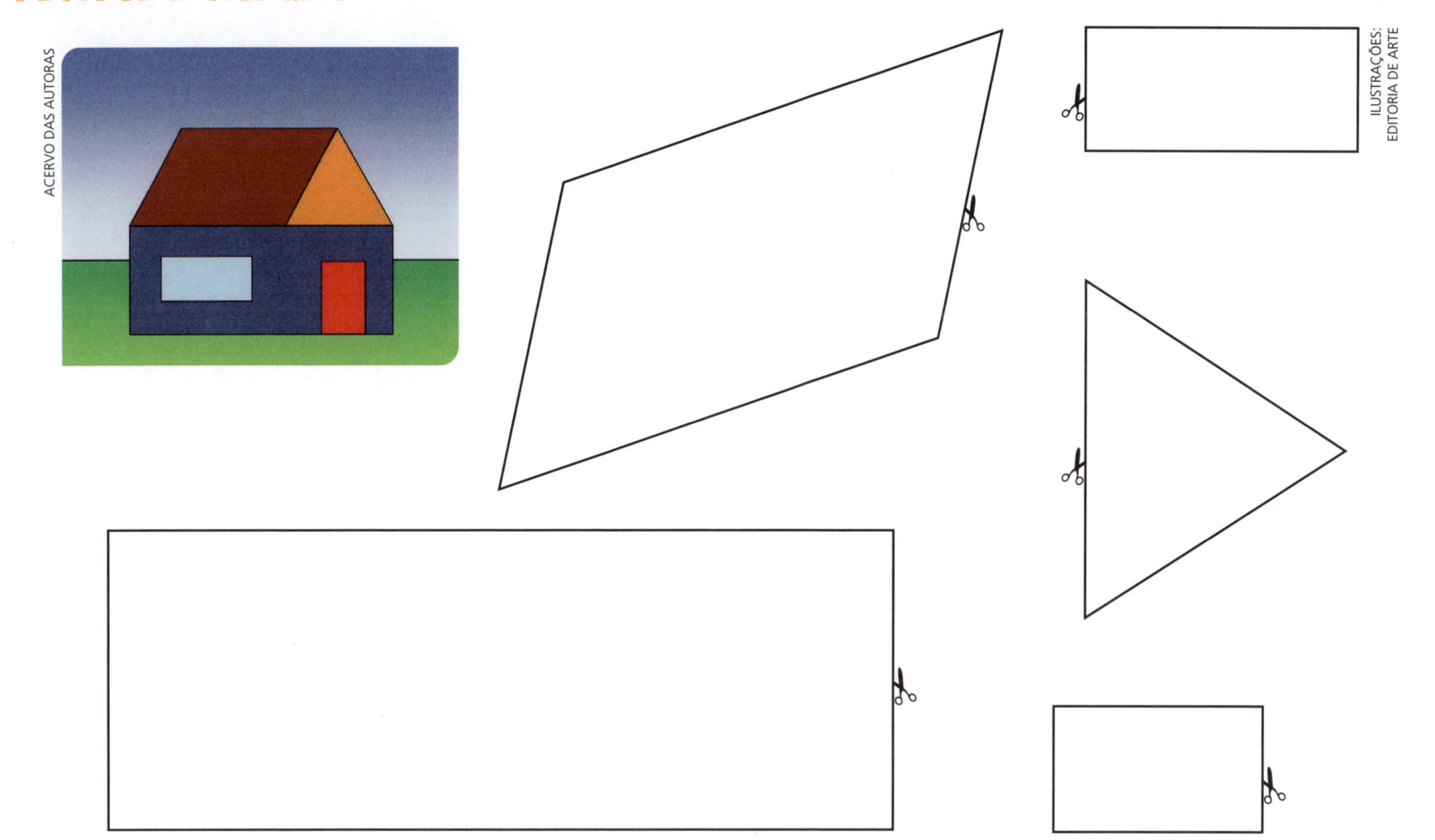

ATIVIDADE 5

CONTINUAÇÃO

CENÁRIO PARA COLAGEM

ATIVIDADE 6

FELIZ PÁSCOA! – SAQUINHO DE PÁSCOA

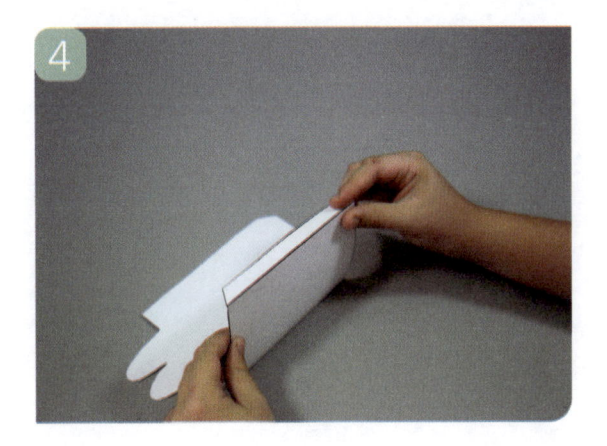

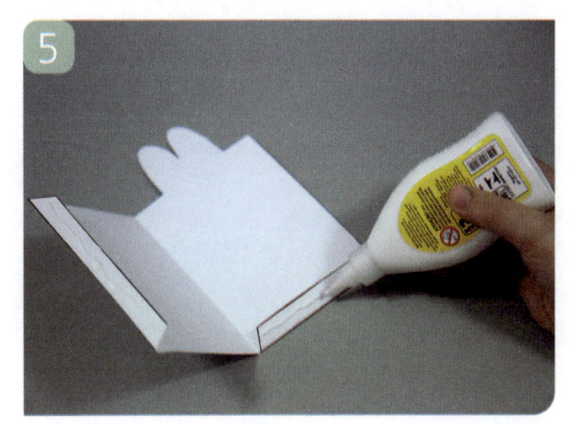

LIÇÃO 2 — CONHECENDO E IDENTIFICANDO LINHAS

As linhas podem ter vários formatos. Neste livro, vamos conhecer as retas e as curvas. Observe na obra de arte a seguir as linhas **retas** e as linhas **curvas**.

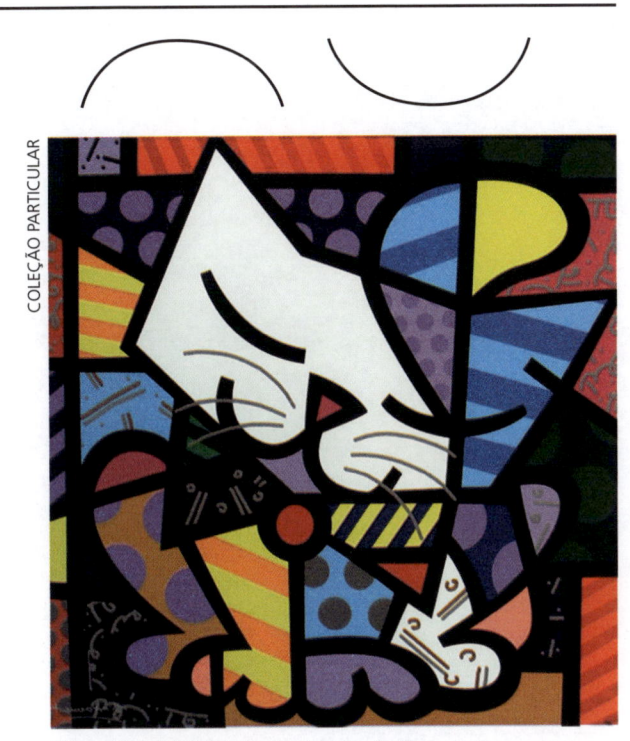

The Blue Cat (O Gato Azul), de Romero Britto. **Giclée**, 104 cm × 104 cm.

COLEÇÃO PARTICULAR

Romero Britto (1963-)

Artista plástico brasileiro, nasceu em Recife e atualmente mora em Miami, nos Estados Unidos.

Romero Britto é conhecido por suas obras alegres e coloridas, nas quais utiliza muito o recurso das linhas.

VOCABULÁRIO

Giclée: impressão de uma imagem sobre diferentes superfícies, como a tela ou o papel para aquarela, por meio de uma impressora a jato de tinta, de alta definição e de grande formato.

ATIVIDADE 7

TRABALHANDO COM LINHAS RETAS

ATIVIDADE 8

TRABALHANDO COM LINHAS CURVAS

ATIVIDADE 9

IDENTIFICANDO LINHAS RETAS E CURVAS

ATIVIDADE 10

DIA DAS MÃES – CARTÃO

LIÇÃO 3

TEATRO – UMA LINGUAGEM ARTÍSTICA

O teatro é uma das linguagens artísticas, assim como a dança, as artes visuais e a música. Dentre os elementos que formam a linguagem teatral estão:

- Personagem;
- Figurino;
- Maquiagem;
- Cenário;
- Sonoplastia;
- Iluminação, entre outros.

Cena do espetáculo musical infantil *Turma da Mônica – Era uma vez uma história de príncipes e princesas*, encenado na cidade de São Paulo, 2022.

ATIVIDADE 11

TEATRO – EXPRESSÃO FACIAL

MAGOADO

FELIZ

FAMINTO

TRISTE

ASSUSTADO

IRRITADO

21

TEATRO – EXPRESSÃO FACIAL

ATIVIDADE 13

TEATRO – DEDOCHES

ACERVO DAS AUTORAS

ACERVO DAS AUTORAS

23

LIÇÃO 4

CONHECENDO JOAN MIRÓ

Joan Miró (1893-1983)

Esse artista catalão teve muita influência do pintor Pablo Picasso, também catalão.

Seus trabalhos são muito coloridos e apresentam muitas linhas pretas, desenhos que por vezes causam estranhamento, mas tornam sua pintura alegre e divertida.

Joan Miró (1893-1983), pintor surrealista espanhol, em 24 de maio de 1966.

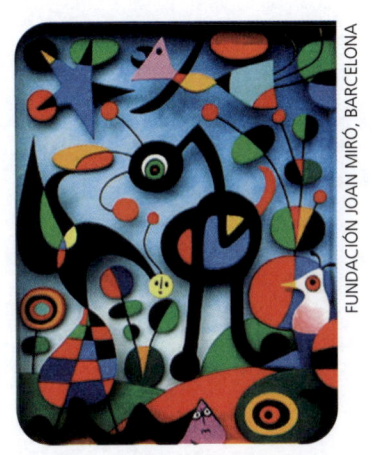

O jardim (1977), de Joan Miró. Óleo sobre tela, 60 cm × 76 cm.

A canção do rouxinol à meia-noite e a chuva da manhã (1940), de Joan Miró. Guache e tinta sobre papel, 38 cm × 46 cm.

Escadas cruzando o céu azul em uma roda de fogo (1953), de Joan Miró. Óleo sobre tela, 116 cm × 89 cm.

ATIVIDADE 14

PINTURA COM TINTA GUACHE

ATIVIDADE 15

PINTURA COM TEXTURA

ATIVIDADE 16

DIA DOS PAIS – CARTÃO COM DIGITAIS

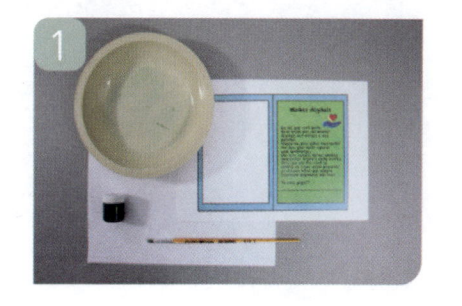

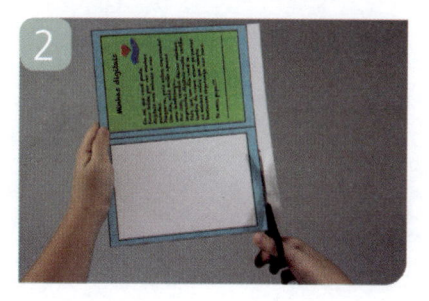

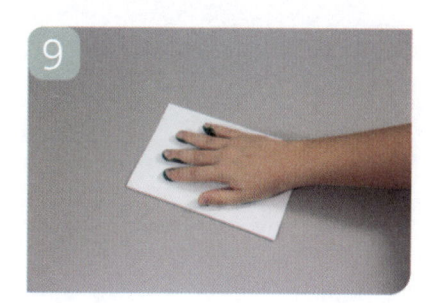

LIÇÃO 5 — CONHECENDO FORMAS GEOMÉTRICAS

Estas são algumas formas geométricas.
Você consegue compará-las com alguns objetos?

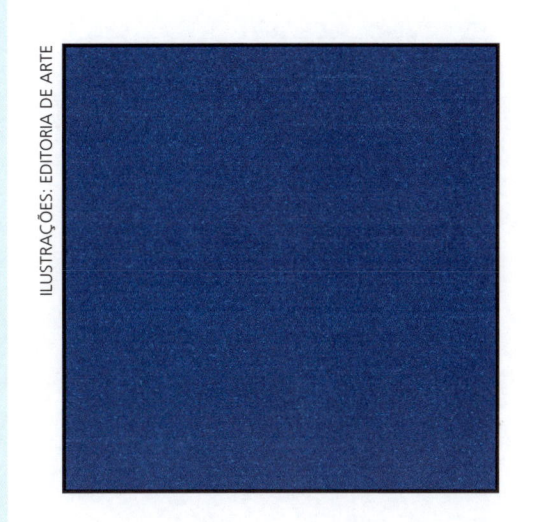

Ao ver um quadrado, você se lembra de quê?
Um triângulo faz você pensar em algo? Em quê?
Que objeto você imagina ao observar um círculo?

ATIVIDADE 17

TRABALHANDO COM O QUADRADO

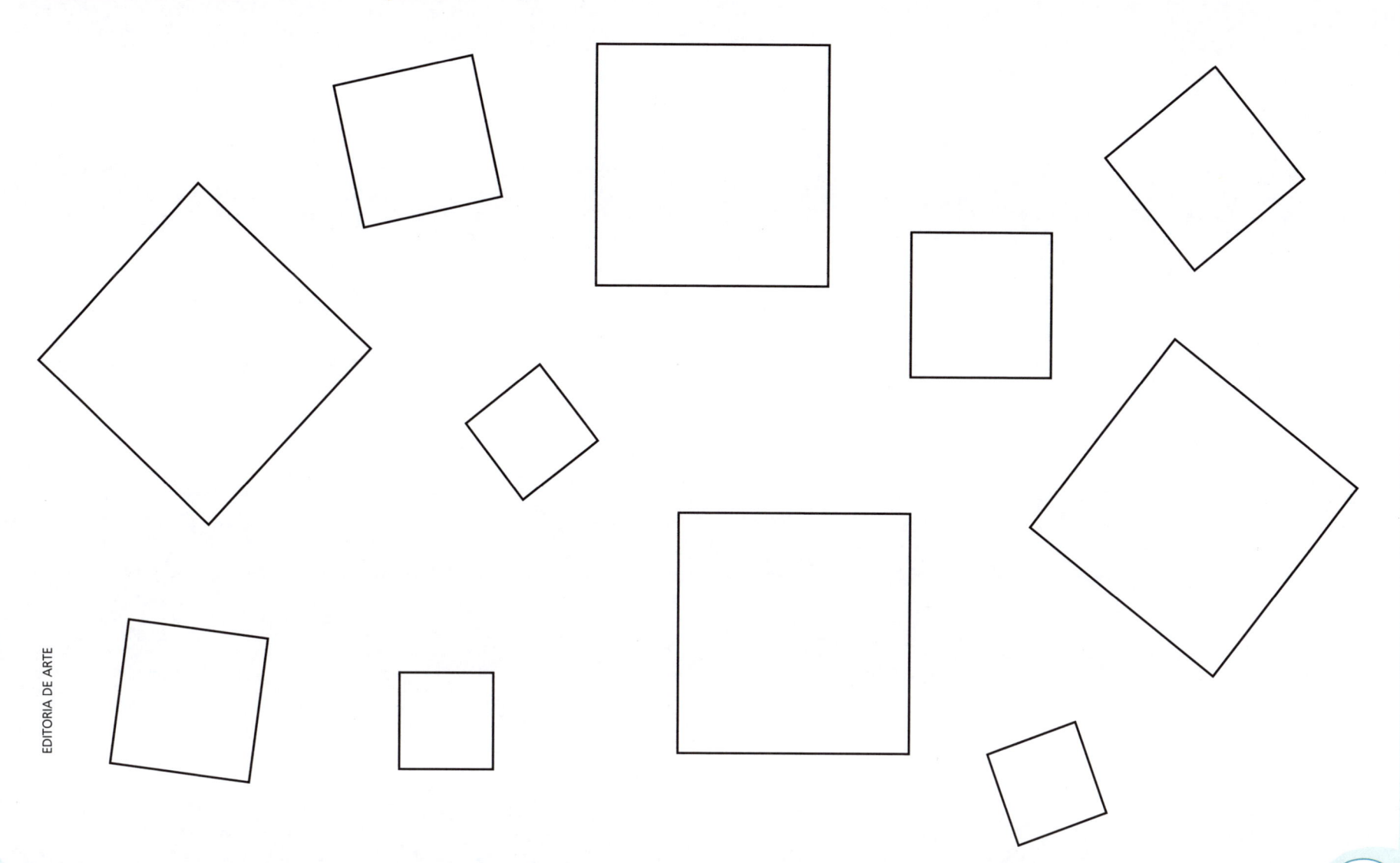

ATIVIDADE 18

TRABALHANDO COM O TRIÂNGULO

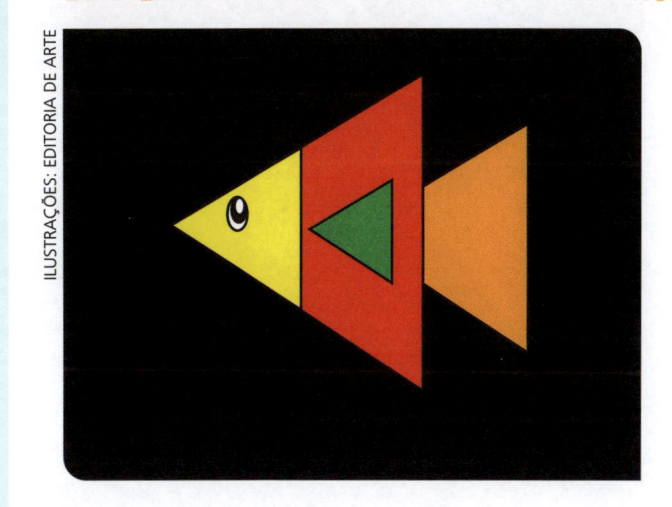

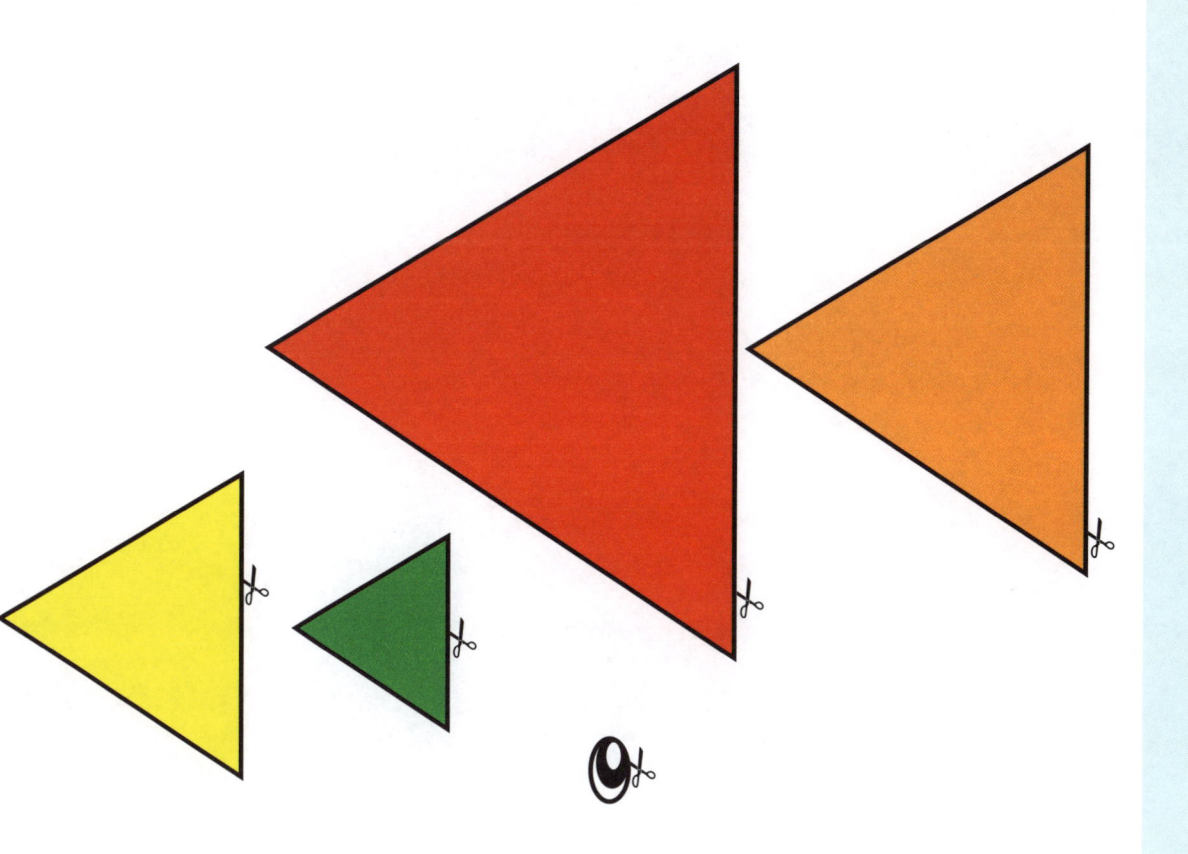

TRABALHANDO COM O TRIÂNGULO

CONTINUAÇÃO

ATIVIDADE 19

TRABALHANDO COM O CÍRCULO

ATIVIDADE 20

MONTAGEM DE UMA FOCA

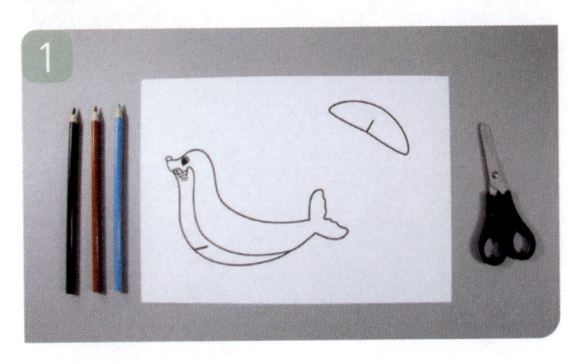

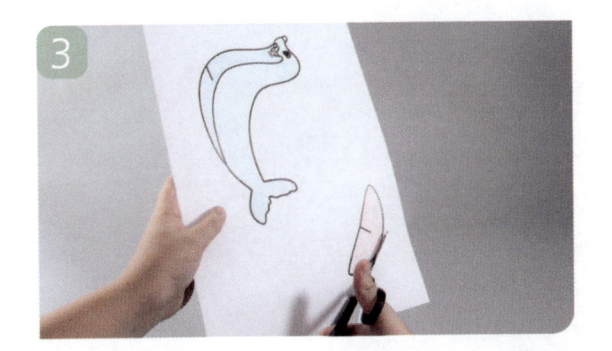

FOTOS: HNFOTOS

34

ATIVIDADE 21

DOBRADURA DE UMA CASA

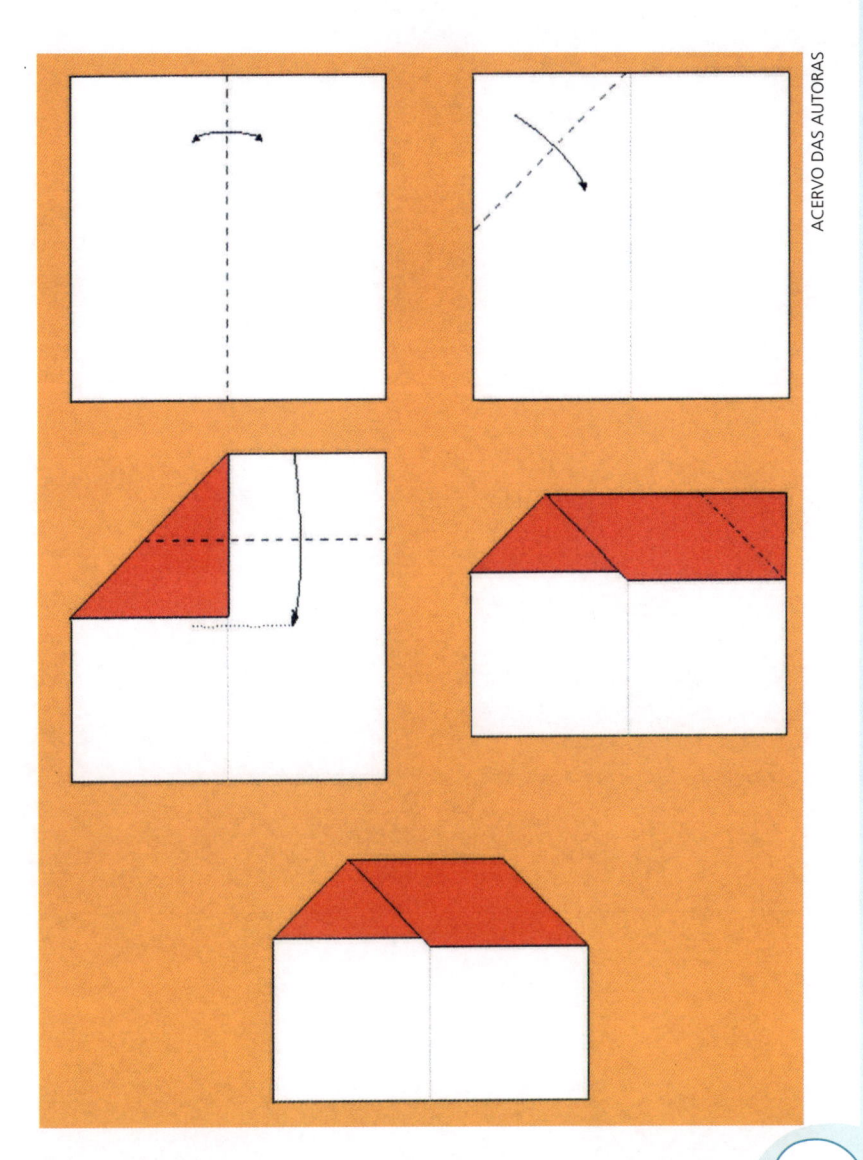

ATIVIDADE 21

CONTINUAÇÃO

DOBRADURA DE UMA CASA

LIÇÃO 6

DANÇA E MÚSICA

ATIVIDADE 22

A DANÇA NO MUNDO

Na dança, o artista se expressa através de movimentos corporais. A dança é uma arte praticada no mundo todo. Cada país tem suas danças típicas, mostrando um pouco da arte e cultura de cada povo.

FREVO – PERNAMBUCO, BRASIL.

TARANTELA – ITÁLIA.

TANGO – ARGENTINA E URUGUAI.

ATIVIDADE 23

EXPRESSÃO MUSICAL

Observe as imagens e faça um **X** naquelas que demonstram sons agradáveis para você.

39

ATIVIDADE 24

RECONHECENDO OS SONS

IMAGEM DE SOM AGRADÁVEL	IMAGEM DE SOM DESAGRADÁVEL

ATIVIDADE 25

E A MÚSICA TOCOU...

PEIXE VIVO

COMO PODE O PEIXE VIVO
VIVER FORA DA ÁGUA FRIA?
COMO PODE O PEIXE VIVO
VIVER FORA DA ÁGUA FRIA?
COMO PODEREI VIVER
COMO PODEREI VIVER
SEM A TUA, SEM A TUA
SEM A TUA COMPANHIA?
OS PASTORES DESTA ALDEIA
JÁ ME FAZEM ZOMBARIA
OS PASTORES DESTA ALDEIA
JÁ ME FAZEM ZOMBARIA
POR ME VEREM ASSIM CHORANDO
POR ME VEREM ASSIM CHORANDO
SEM A TUA, SEM A TUA
SEM A TUA COMPANHIA

DOMÍNIO PÚBLICO.

CIRANDA, CIRANDINHA

CIRANDA, CIRANDINHA
VAMOS TODOS CIRANDAR
VAMOS DAR A MEIA-VOLTA
VOLTA E MEIA VAMOS DAR
O ANEL QUE TU ME DESTES
ERA VIDRO E SE QUEBROU
O AMOR QUE TU ME TINHAS
ERA POUCO E SE ACABOU
POR ISSO, DONA ROSA
ENTRE DENTRO DESTA RODA
DIGA UM VERSO
BEM BONITO
DIGA ADEUS
E VÁ EMBORA

DOMÍNIO PÚBLICO.

PIRULITO QUE BATE, BATE

PIRULITO QUE BATE, BATE
PIRULITO QUE JÁ BATEU
QUEM GOSTA DE MIM É ELA
QUEM GOSTA DELA SOU EU

DOMÍNIO PÚBLICO.

O CRAVO E A ROSA

O CRAVO BRIGOU COM A ROSA
DEBAIXO DE UMA SACADA
O CRAVO FICOU FERIDO
E A ROSA DESPEDAÇADA

DOMÍNIO PÚBLICO.

CANTIGAS PARA DESENHAR

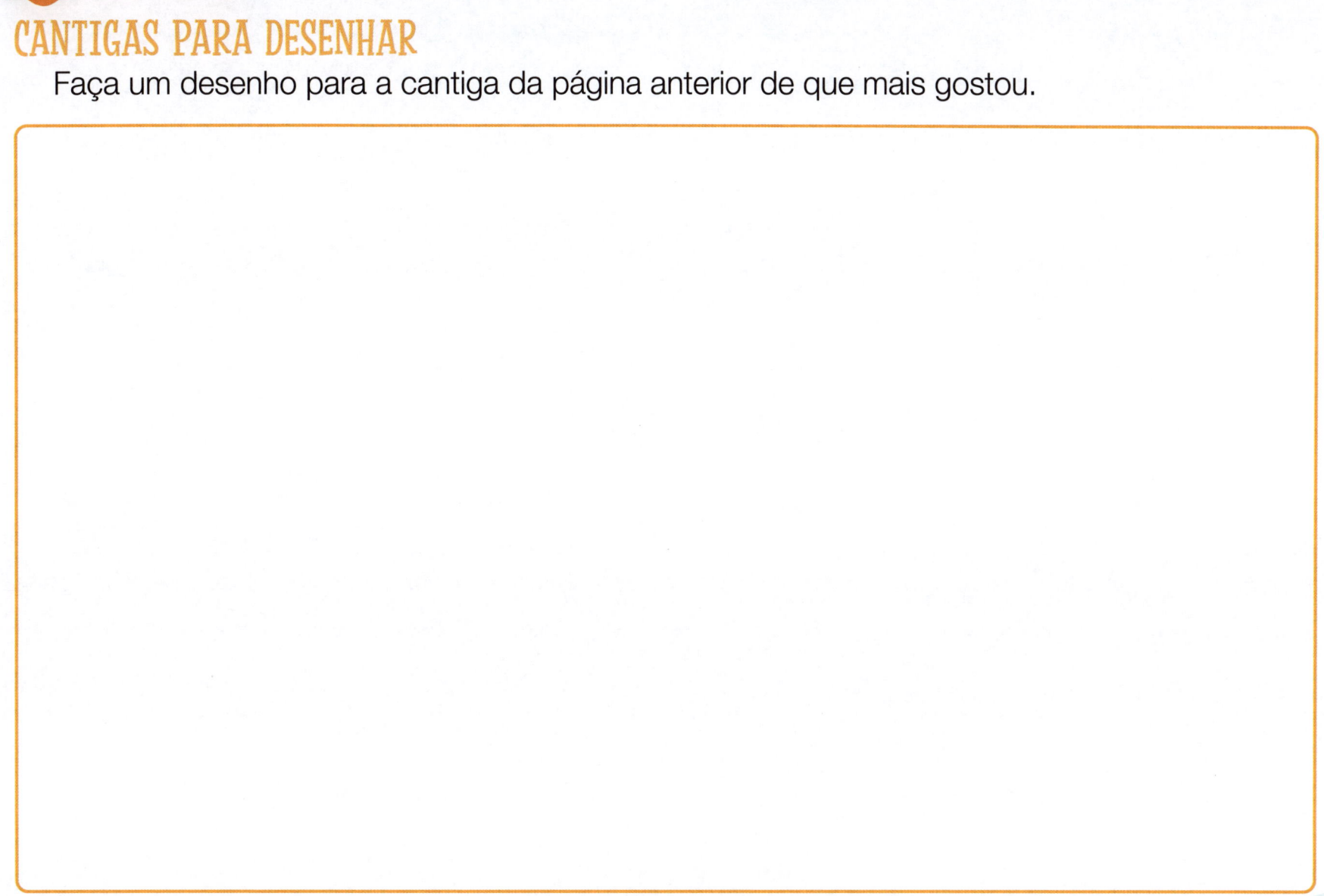

Faça um desenho para a cantiga da página anterior de que mais gostou.

ATIVIDADE 27

COM SUCATA, EU FAÇO MÚSICA

Siga a orientação do professor para fazer um instrumento musical bem legal e divirta-se fazendo música.

ATIVIDADE 28

FOLCLORE – BRINCADEIRAS

**BRINCADEIRAS DA MINHA FAMÍLIA
(PAIS, AVÓS, TIOS)**

_____
_____
_____
_____
_____

AS MINHAS BRINCADEIRAS

_____
_____
_____
_____
_____
_____

ILUSTRAÇÕES: SHUTTERSTOCK

44

LIÇÃO 7 — FAZENDO ARTE COM MATERIAIS DIVERSOS

Veja quantas coisas bonitas!

Isso também é arte, só que feita com materiais diferentes daqueles com os quais estamos acostumados, como lápis, tinta e pincel.

Vamos fazer arte com materiais diversos?

PAUL MCKINNON/SHUTTERSTOCK

KENISHIROTIE/SHUTTERSTOCK

AAPTHAMITHRA/SHUTTERSTOCK

SHUTTERSTOCK

45

ATIVIDADE 29

TRABALHANDO COM ALGODÃO

46

ATIVIDADE 30

TRABALHANDO COM BARBANTE

ATIVIDADE 31

TRABALHANDO COM SUCATA

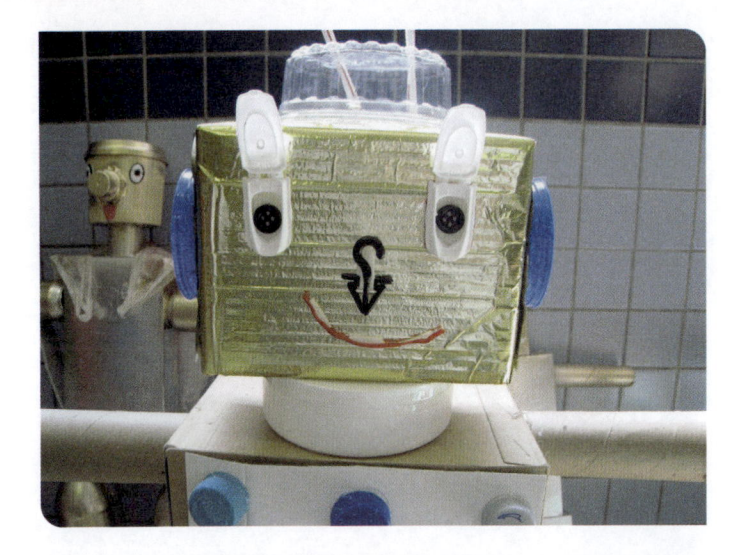

Alguns exemplos da produção com sucata.

48

ATIVIDADE 32

ENTÃO É NATAL... – CARTÃO

49

ATIVIDADE 33

BOLAS DE NATAL

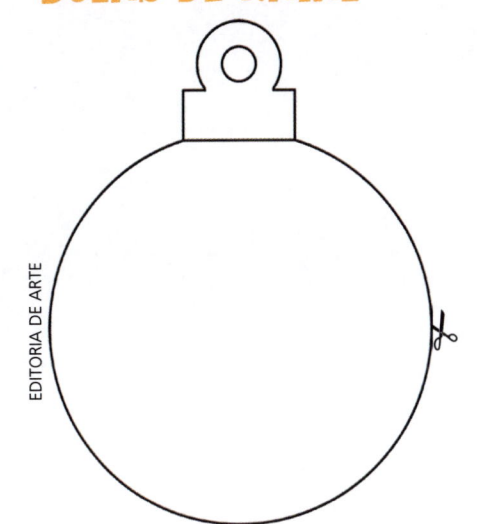

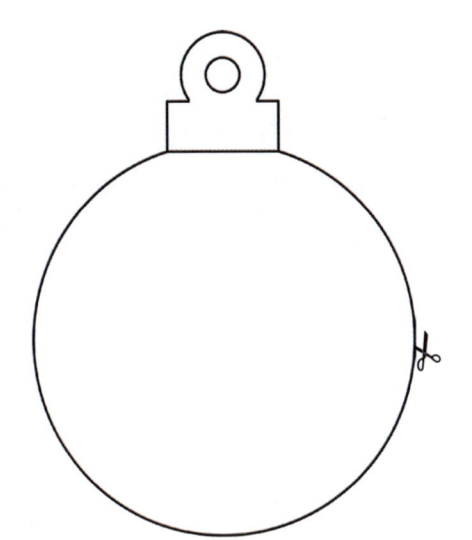

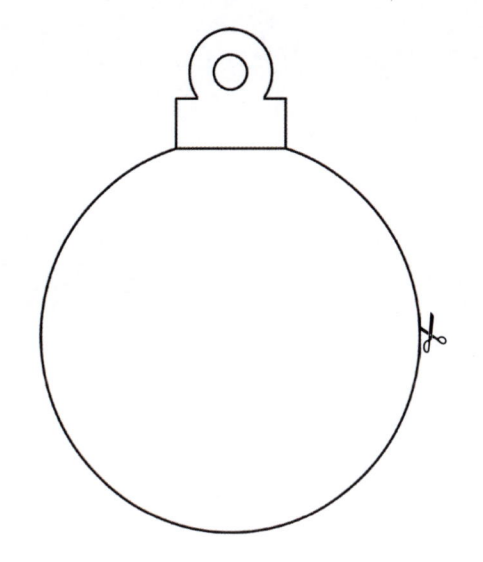

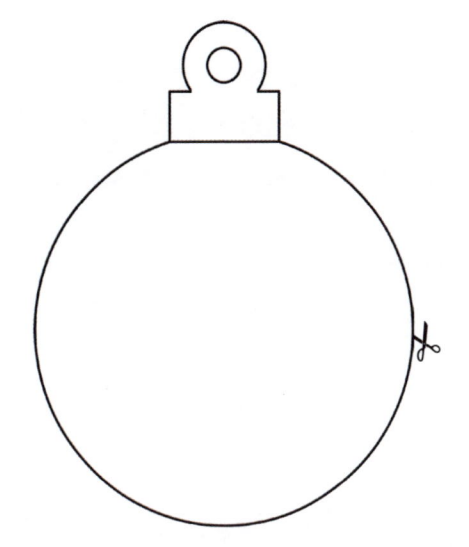

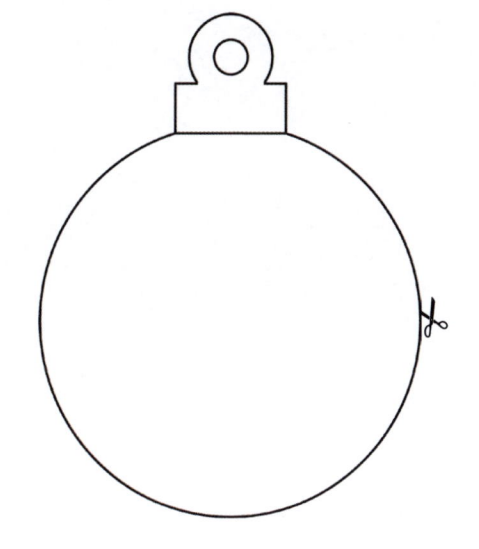

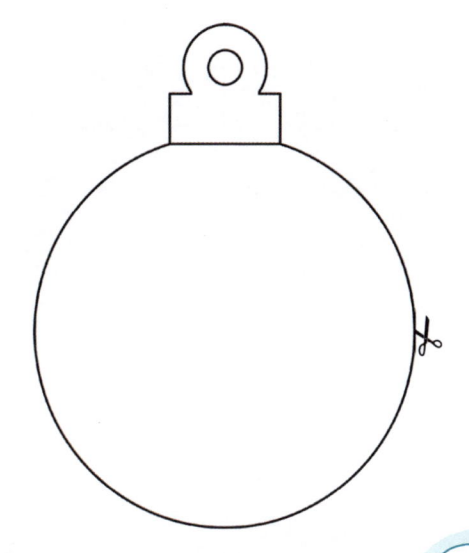

Coleção
Eu gosto m@is

ALMANAQUE

LIÇÃO 1

ATIVIDADE 6

ALMANAQUE

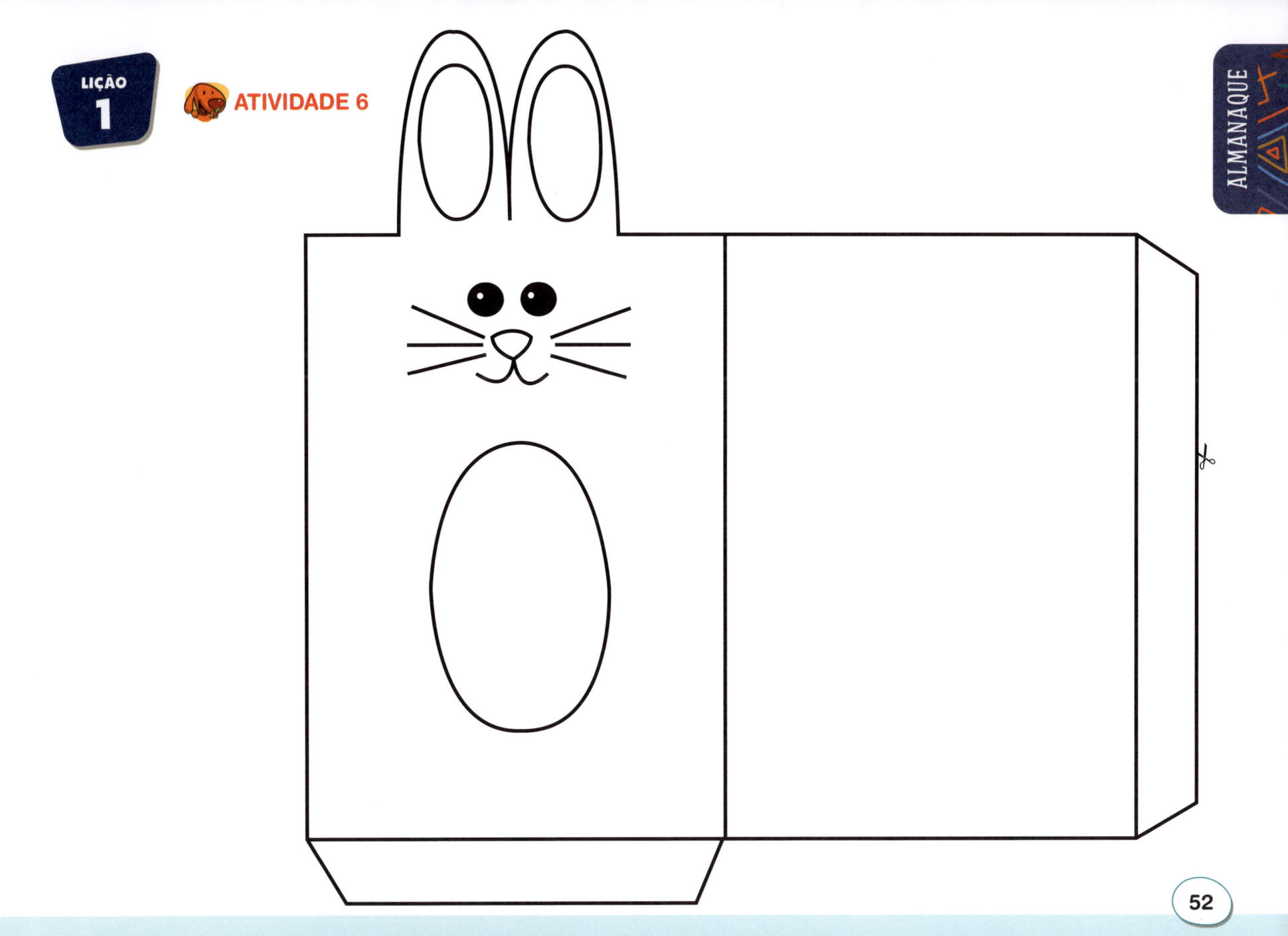

52

Parte integrante da Coleção Eu Gosto M@is - Arte 1º ano - IBEP.

LIÇÃO 2

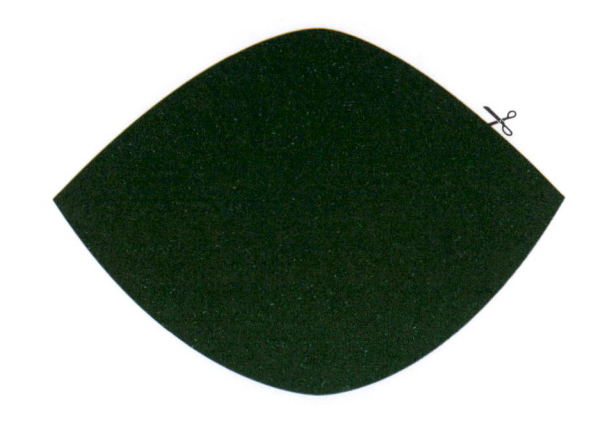

ATIVIDADE 10

Mamãe,

obrigado por tudo que você faz por mim! Eu te amo!!!

_____

LIÇÃO 4

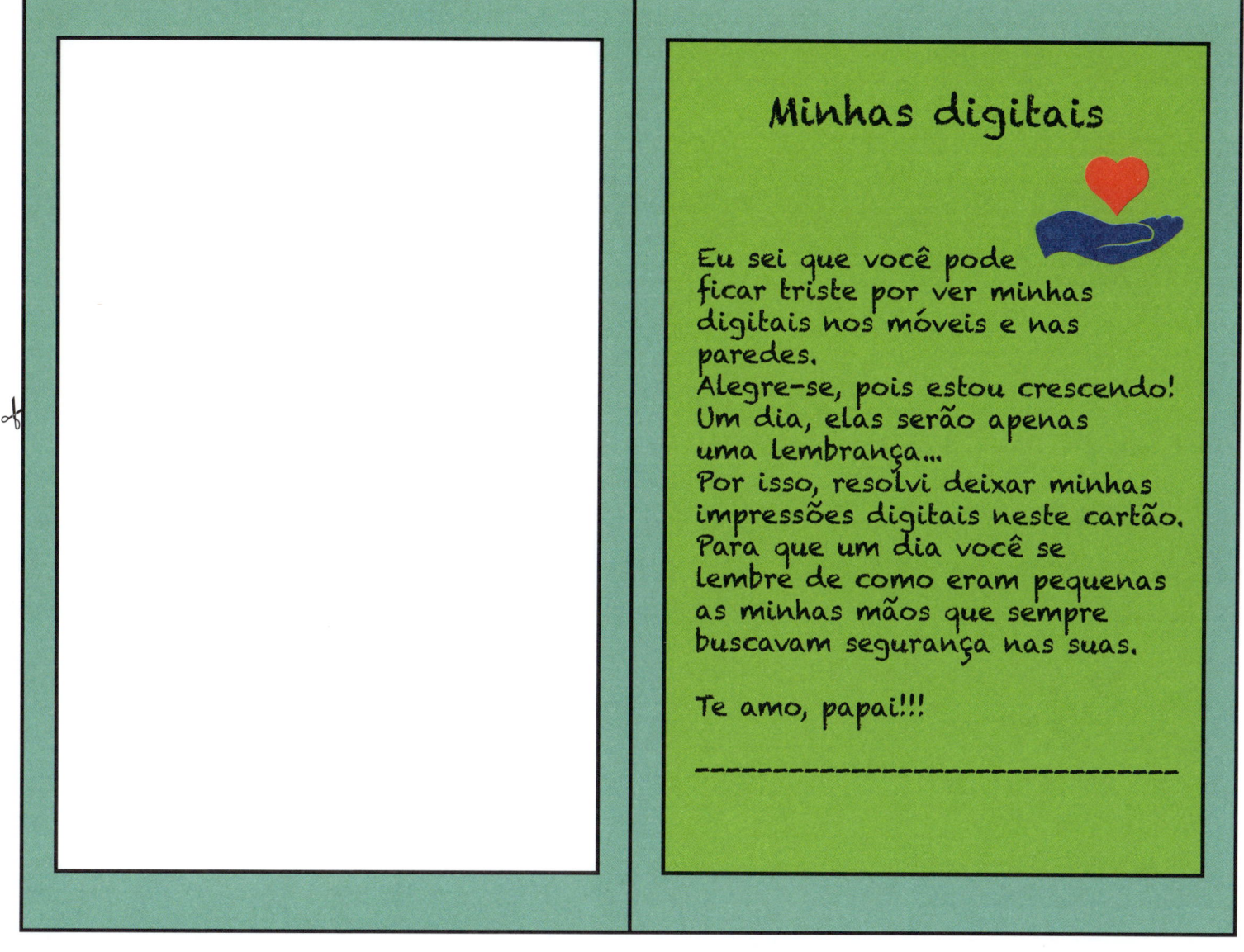

ATIVIDADE 16

Minhas digitais

Eu sei que você pode ficar triste por ver minhas digitais nos móveis e nas paredes.
Alegre-se, pois estou crescendo! Um dia, elas serão apenas uma lembrança...
Por isso, resolvi deixar minhas impressões digitais neste cartão.
Para que um dia você se lembre de como eram pequenas as minhas mãos que sempre buscavam segurança nas suas.

Te amo, papai!!!

LIÇÃO 5

ATIVIDADE 20

ALMANAQUE

55

LIÇÃO 1

ATIVIDADE 3

ACERVO DAS AUTORAS

ADESIVOS

LIÇÃO 7

ATIVIDADE 33

LIÇÃO 7

ATIVIDADE 32

ILUSTRAÇÕES: LIE KOBAYASHI

Parte integrante da Coleção Eu Gosto M@is - Arte 1º ano - IBEP.